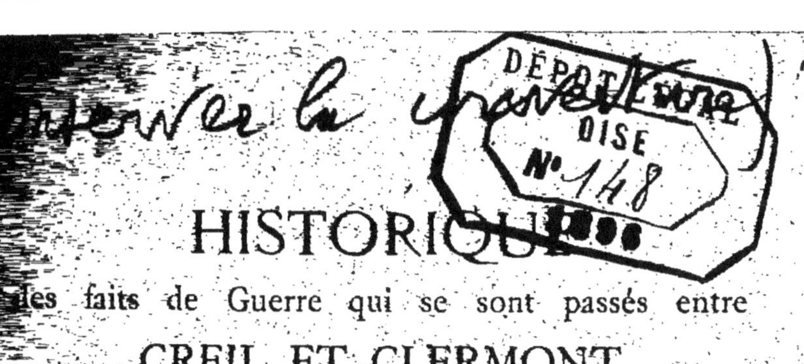

HISTORIQUE

des faits de Guerre qui se sont passés entre

CREIL ET CLERMONT

et notamment sur le territoire de

RANTIGNY

pendant les journées des 25, 26, 27 Septembre 1870

Cette brochure est vendue 50 centimes

Elle est livrée gratuitement à tout souscripteur de 5 fr. minimum.

SOUSCRIPTION PUBLIQUE

POUR UN MONUMENT A ÉLEVER A RANTIGNY (OISE)

EN COMMÉMORATION

des Victimes de la Guerre de 1870

HISTORIQUE

des faits de Guerre qui se sont passés entre

CREIL ET CLERMONT

et notamment sur le territoire de

RANTIGNY

pendant les journées des 25, 26, 27 Septembre 1870

Arrivée des Prussiens dans le Canton de Liancourt

Après la Capitulation de Sedan, dès que les Prussiens eurent connaissance que le Gouvernement de la Défense Nationale était résolu à continuer la Guerre, les troupes allemandes se mirent en marche sur Paris.

Peu de jours après, elles étaient dans notre département; les premiers uhlans passaient l'Oise et s'avançaient, le 16 Septembre, sur la route d'Amiens jusqu'à la Poste, aux confins des territoires de Cauffry et de Rantigny.

Le 23 Septembre, Creil était occupé à demeure.

25 Septembre — Le surlendemain 25, le signal de la résistance partait de Liancourt.

A 9 heures du matin, les groupes à Liancourt étaient formés comme d'habitude, et chacun racontait ce qu'il avait vu ou entendu dire tant sur la marche de nos ennemis que sur les moyens possibles à employer pour les chasser de notre territoire.

Tout-à-coup, on voit arriver, par la grande rue, M. R. Blottière, maître-couvreur, tout essouflé de la marche forcée qu'il venait de faire. Il apprend que les Prussiens font des réquisitions à Laigneville, et excite la population en lui proposant de marcher sur l'ennemi.

Bientôt les Gardes nationaux furent réunis aux appels du clairon.

Ils n'étaient pas seuls, chaque citoyen voulant courir sa part de danger et donner la preuve du patriotisme qui se trouvait réellement dans son cœur, s'était rendu sur la place du Marché, et tous armés, qui d'une hache, qui d'une pique improvisée, qui d'une faux, qui d'un simple gourdin, se formèrent en colonne pour marcher à l'ennemi.

Il fallut un chef; on courut au Château, inviter le Colonel de Cuirassiers en retraite, Comte François de La Rochefoucauld, à prendre le commandement.

Quelques instants après, armé d'une lourde carabine, il était à la tête de cette troupe pleine d'un enthousiasme que les femmes contribuaient encore à exciter.

Le Commandant ne s'illusionnait pas; il savait ce que peut contre des soldats réguliers, le seul courage sans armes et sans munitions. Mais il eut été téméraire de vouloir s'opposer de prime abord, à l'élan qui portait chacun à la défense du foyer envahi; il s'associa au mouvement pour essayer de le diriger.

On partit par Mogneville et Monchy-St-Eloi afin de tourner Laigneville et de couper la retraite à l'ennemi lorsqu'il retournerait à Creil avec son butin.

On fit halte entre Mogneville et Monchy-St-Eloi; les munitions furent partagées et M. Maillet, ancien sous-officier de l'armée et sous-lieutenant de la Garde Nationale de Liancourt enseigna promptement la charge à ceux qui ne la connaissaient pas.

On se remit ensuite en marche et on arriva bientôt à Monchy-St-Eloi. Là on dût chercher des renseignements sur les agissements des soldats ennemis.

Le Docteur Tixier, médecin à Liancourt, ancien aide-major de l'Armée, porteur du Brassard de la Convention de Genève, accompagnait la colonne pour donner les premiers soins aux blessés. Il prit les devants avec son cabriolet et revint bientôt disant qu'il était préférable de se diriger sur Laigneville, car, en attendant sur la route, il pouvait arriver à l'ennemi des renforts de Creil et on se trouverait ainsi pris entre deux feux.

Les Prussiens ne tardèrent pas à apprendre par leurs éclaireurs le danger qui les menaçait; ils battirent en retraite sur Creil. Laigneville était évacué quand nos gardes nationaux y arrivèrent.

Les plus ardents continuèrent leur marche vers Nogent-les-Vierges. Un peloton de Cuirassiers blancs étant signalé à l'extrémité du village, nos gardes nationaux sous les ordres du lieutenant Maillet, se mirent en embuscade dans des broussailles de chaque côté de la route et attendirent l'ennemi.

A l'approche des Cavaliers, la fusillade éclata, un cheval tomba, et les Cuirassiers tournèrent bride.

Le Capitaine qui commandait à Creil, redoutant une sérieuse attaque, se retira avec ses troupes sur les hauteurs de la ville et demanda des renforts à Chantilly où étaient les magasins de l'Armée sous la surveillance de la Garde prussienne.

Le Maire de Creil s'avança en ce moment vers Nogent et demanda aux nôtres de repartir, pour ne pas exposer la ville à une terrible vengeance.

Ces hommes que nous pourrions dire téméraires, si le sentiment qui les conduisait n'était pas si noble, rapportant le béret d'ordonnance qu'un cavalier avait perdu dans sa fuite précipitée, rentrèrent à Liancourt, où les avait déjà précédé le gros de la troupe dirigé par M. de La Rochefoucauld.

Quoiqu'il en soit, on en voulut au Docteur Tixier qui avait conseillé le mouvement rétrograde.

Les Mobiles de la Marne à Clermont

Sur la demande de M. Descuignières, administrateur de la ville de Clermont, le bataillon des mobiles de la Marne (Arrondissement de Reims) avec leur commandant de Breuil, arrivèrent à Clermont le 25, dans la soirée ils furent reçus comme des sauveurs et la confiance se manifesta partout.

Une Rencontre sur la Route de Paris

26 Septembre — Vers 6 heures du matin, le lendemain, 26 Septembre, un détachement prussien commandé par trois officiers, arrivait à Rantigny. Il comprenait un peloton de uhlans, trente cuirassiers blancs, 250 hommes d'infanterie et une cinquantaine de chariots de réquisition avec leurs conducteurs.

Le chef de cette troupe la fit arrêter devant les ateliers de construction de machines agricoles, et ayant appelé M. Albaret, maire de Rantigny, il lui déclara que, si un seul coup de feu était tiré sur ses hommes il appliquerait à la Commune, d'une façon impitoyable, ce qu'il appelait les *Lois de la Guerre*, l'incendie, le meurtre, le pillage et l'imposition de guerre.

M. Albaret répondit, avec énergie et indignation, que l'attitude de la population de sa Commune se ressentirait de celle des soldats allemands, que la population, essentiellement ouvrière était très surexcitée contre eux, qu'elle accusait de vouloir affamer le pays par leurs réquisitions.

Cette réponse ne parut pas satisfaire le Commandant; toutefois, il donna l'ordre de continuer vers Clermont, laissant les cuirassiers blancs aux alentours de l'usine.

Aussitôt après M. Albaret se rendit à la gare, et, les fils télégraphiques n'ayant pas encore été coupés par l'ennemi, il fit passer à Clermont une dépêche dans laquelle il annonçait la marche en avant des Prussiens et demandait l'envoi de troupes à Rantigny.

Au reçu de cette dépêche, le commandant de Breuil quitta Clermont avec son bataillon et s'avança sur la route de Paris.

Durant ce temps, la nouvelle de l'invasion s'était répandue dans les villages environnants, partout le tocsin sonnait et chacun courait aux armes.

Les Gardes nationaux de Liancourt, encouragés par ce qui c'était passé la veille, n'attendirent pas l'arrivée des troupes régulières pour commencer l'attaque.

Un des uhlans de l'arrière-garde qui était placé en surveillance sur le pont de la Brêche, à l'entrée de l'avenue de Liancourt, reçut un coup de feu à l'épaule; d'autres vinrent aussitôt à son secours, et un valet de chambre du château, Théodore Picard, fut tué raide d'un coup de fusil.

Les mobiles de la Marne ne tardèrent pas à rencontrer l'ennemi. Celui-ci, en les apercevant, s'abrita de ses chariots, qu'il mit en travers de la route et aussitôt l'action commença. Elle fut courte. Un Prussien ayant été tué, et le chef du détachement craignant, non sans motifs, d'être entouré, donna l'ordre de battre en retraite vers Creil, et bientôt, à Rantigny, on vit repasser les Cavaliers à bride abattue et les fantassins presque au pas de course couverts par les chariots qui fermaient la marche en arrière.

Les Gardes nationaux de Liancourt auxquels se joignirent ceux de Rantigny se mirent à la poursuite des fuyards. Un prussien tomba d'un coup de feu près de l'usine Albaret, ses camarades le ramassèrent et le placèrent dans un chariot, de telle sorte qu'aucun mort ni blessé ne resta entre nos mains.

De notre côté, nous avons eu deux morts : le valet de chambre du château et un ouvrier mécanicien Deschamps, qu'un soldat prussien tua raide, dans la plaine, près du passage à niveau de Cauffry.

Nous fîmes six prisonniers dans les marais de la Brêche ; ils furent confiés aux mobiles de la Marne et conduits à Amiens.

La rentrée des Mobiles ramenant des prisonniers fut célébrée comme un véritable triomphe à Clermont.

L'enthousiasme n'était pas seulement en ville, il était aussi dans les villages d'Angy, Cambronne, Bailleval, Breuil-le-Sec, Breuil-le-Vert, Etouy, dont la plupart des habitants s'étaient joints, dans cette journée, à ceux de Clermont, Liancourt et Rantigny et se proposaient de combattre encore le lendemain pour défendre Clermont contre les envahisseurs.

La confiance de ces masses, donnait du courage aux plus tièdes et de l'espoir aux plus désillusionnés. L'ardeur patriotique était admirable.

Le bataillon des Mobiles de l'arrondissement de Reims voyait le feu pour la première fois, son élan a été superbe. Aussi a-t-il été fêté à Rantigny où chaque maison s'en disputait l'honneur de recevoir ses sauveurs.

Le Combat de Rantigny

27 Septembre — Le même jour à 9 heures du soir, M. Albaret fut prévenu par un messager envoyé de Creil que nos ennemis venaient de traverser en grand nombre le pont de l'Oise avec des canons et qu'ils se préparaient à un retour offensif pour le lendemain.

M. le Maire crût bien faire en allant lui-même, accompagné d'un des habitants de la Commune, prévenir la Garde mobile et les autorités de Clermont de ce qui se passait.

Mais, en présence de ce renseignement, le Commandant de Breuil, qui n'avait point d'artillerie, se conformant aux ordres qu'il avait reçus de n'engager aucune action contre des forces supérieures, fit battre le rappel à minuit, rassembla ses mobiles et se replia sur Amiens.

M. Albaret était rentré à Rantigny sans savoir la décision du Commandant des Mobiles.

Il est regrettable que la municipalité de Clermont ne crût pas devoir aviser celle de Rantigny de cette retraite précipitée du Bataillon de Mobiles, car cette nouvelle eût arrêté la résistance, désormais impossible et épargné la mort de plusieurs personnes victimes de leur dévouement.

Les forces allemandes envoyées contre Clermont comprenaient, un régiment de cavaliers de la Garde, deux escadrons de Uhlans, un bataillon de fusilliers de la Garde et quatre pièces d'Artillerie.

Elles s'avançaient en trois colonnes, l'une qui suivait la route, les deux autres se dirigeant à droite et à gauche sur Nogent-les-Vierges et Rousseloy ; toutes trois devaient se réunir sur le plateau, au-dessus de l'Eglise de Laigneville.

Nous n'avions plus de troupes à opposer à l'ennemi, mais tout le monde l'ignorait.

Les gardes-nationaux et de nombreux volontaires de Mouy, Bury, Mello, Angy, Saint-Vaast et Cauvigny, pleins de dévouement et de patriotisme, se réunirent à ceux de Liancourt et Rantigny pour couvrir Clermont : les volontaires de Clermont étaient masqués dans les bouquets de bois environnant Auvillers.

A cinq heures du matin, ils étaient au nombre de plus de 1500 dans les environs d'Ars, attendant les mobiles et pleins de confiance dans leur arrivée.

Les Prussiens ne tardèrent pas à se montrer dans la plaine sur le côté opposé du vallon de Soutraine.

Les gardes-nationaux se dissimulèrent dans les parties boisées au-dessus de la Poste et commencèrent une terrible fusillade, sans grand effet, leurs armes n'étant pas à longue portée comme celles de l'infanterie Allemande.

Bientôt deux pièces de canon mises en batterie au sommet du plateau, au sud-ouest de Soutraine, firent pleuvoir dans le bois une telle quantité de mitraille que la position ne fut plus tenable ; chacun battit en retraite comme il pût, l'un à droite l'autre à gauche, abandonnant ou cachant les armes; beaucoup arrivèrent à la Poste et à Rantigny.

Tous les projectiles prussiens n'étaient pas dirigés sur les bois; l'un d'eux pénétra dans la maison de M. Fourmentin, laitier à la Poste-Cauffry, en faisant trouée pour son passage, dans le mur en brique et blessant Fourmentin et sa femme; un autre tomba dans les ateliers de l'usine Albaret; il atteignit le moteur à vapeur dont il faussa plusieurs pièces.

Bientôt les soldats ennemis reçurent l'ordre de marcher en avant et cessant d'être des combattants d'une armée régulière devinrent de véritables bandits.

Ils appliquèrent, comme ils l'avaient dit la veille, les lois de représailles de la guerre. Ils débutent à Cauffry en faisant razzia d'un troupeau de moutons.

La première maison de la Poste, une auberge tenue par les époux Coquelet, est envahie; tout ce qui s'y trouve est volé, brisé, et le feu mis à l'écurie. Si la maison échappe aux flammes c'est miracle.

Plus loin, chez MM. Roy et Harster, les soldats de la garde se comportent de la même façon et fusillent à bout portant, sur le seuil de la porte, en présence de sa femme, le nommé Bourgeois, mécanicien, beau-frère de M. Roy.

Chez M Breton, à côté, ils rivalisent de cruauté; ils trouvent plaisant d'essayer d'étouffer un enfant de trois ans, sous les yeux de sa mère; M. Breton reçoit un coup de fusil qui l'atteint au pied et dont il est resté infirme; en outre ainsi mutilé, ils l'obligent à se retirer, ce que le malheureux ne peut faire qu'en se servant de ses mains. Enfin les soldats dans cette même maison, forcent les serrures, se font donner par la mère l'argent qu'elle possède, se le partagent sur le billard et ne quittent la maison qu'après avoir mis le feu au mobilier.

La scène est d'une horreur indescriptible. Partout ce ne sont que cris, que pleurs et gémissements que ne parviennent pas à couvrir le bruit du canon et le crépitement de la fusillade.

Dans un champ à quelques mètres de la route et des ateliers de M. Albaret, M. Legrand, maître d'hôtel à Mouy, reçoit un coup de fusil et expire, non loin de la maison paternelle où son père est battu à coups de plat de sabre.

Un vieillard, Dubois, est tué à coups de baïonnette.

Dans la garenne de Cauffry, un garde national de Mouy, Kirschmayer, est attaché à un arbre criblé d'abord de coups de baïonnettes, il reçoit enfin le coup de grâce.

Un fusil ayant été trouvé dans le parc de Mme Duvoir, près d'un mur par dessus lequel un des nôtres l'avait jeté pour s'en défaire, le feu fût mis à la maison, alors inhabitée, et des soldats furent apostés pour empêcher les secours d'approcher. Les Prussiens ne quittèrent la place que quand ils virent les poutrelles en fer se tordre sous l'action de la chaleur.

Fort heureusement les ateliers de M. Albaret, grâce à la présence d'esprit de la femme Vassenne, mère du concierge de l'usine, échappaient à la destruction. — Pendant que cette femme parlementait avec les soldats, son gendre Thibaut avec le jardinier Félix Vacherot étaient emmenés dans le champ derrière la propriété de Mme Duvoir et allaient être fusillés sans l'intervention immédiate de M. Albaret. Quatre Gardes-nationaux d'Angy, Alexandre Lenoir, Jules Simon, Philippe Tinot et Alfred Hulin qui faisaient le service d'éclaireurs sont mis à nu et fouettés avec des baguettes noueuses jusqu'à ce qu'ils soient laissés pour morts. — Deux autres du même pays sont crossés et envoyés prisonniers l'un à Chantilly, l'autre à Clermont, ce sont MM. Pillon-Pommera et Laurent Sainteville.

Dans cette journée, deux uhlans seulement parurent à Liancourt, ils s'avancèrent jusqu'au centre de la ville, et sans rien demander à personne, tournèrent bride.

Le moment de la marche en avant vint enfin. Il fallait traverser Rantigny et les soldats craignaient les représailles des habitants; ils craignaient les coups de fusils pouvant venir des fenêtres, des caves ou d'ailleurs; pour se garantir, ils eurent recours à un moyen aussi sûr qu'inhumain.

Ne se bornant pas à placer en avant, entre deux cavaliers, les hommes de la localité qu'ils rencontraient et parmi lesquels nous citerons Baptiste Lefèvre, maçon, François Delouette et Célestin Bricogne, ouvriers mécaniciens, ils firent sortir des maisons de la Poste les enfants qui s'y trouvaient et les obligèrent, en les crossant, à marcher devant eux. — Mme Bullot, à qui l'on prenait ses trois fils, se jeta éperdue pour les retenir, mais fut obligée de lâcher prise.

A la Mairie, malgré que le drapeau de la Convention de Genève y fût arboré, ils forcent d'enlever le drapeau tricolore. Deux habitants s'offrent à ce périlleux travail. MM. Carpentier et Flers enlèvent le drapeau, les prussiens brisent la hampe et le lacèrent. M. Albaret en ramasse après les débris.

Rantigny fut traversé sans autre incident.

Le moyen de garantie qu'avait pris nos ennemis devait amener ce résultat.

A la sortie du village, les otages furent renvoyés.

Les Prussiens n'avaient pas connaissance de la retraite des Mobiles et voulant s'assurer le succès autant par la terreur que par la force, ils incendièrent à Auvillers une chaumière et la ferme de M. Raboisson sous prétexte qu'un coup de feu avait été tiré sur eux.

Cet incendie se voyait de loin et portait partout la crainte la plus légitime.

Deux Gardes nationaux qui s'étaient égarés dans les parties boisées furent découverts et poursuivis ; l'un fut tué, c'était M. Denouroy ; nous ignorons le nom de l'autre.

Les éclaireurs de l'autre corps ennemi ne tardèrent pas à se montrer, battant la plaine vers Giencourt où ils fusillent deux habitants dont un M. Louis-Pierre Liévois, cultivateur à Breuil-le-Sec.

Enfin le Général Krug entre, avec sa troupe à Clermont qui avait *hissé le drapeau parlementaire.*

Pendant ce temps, à Rantigny, on organise tant bien que mal des secours pour éteindre les incendies allumés ; mais on ne peut sauver que peu de choses.

A 6 heures du soir quelques Allemands repassent à Rantigny et tirent des feux de peloton pour effrayer de nouveau la population. Cependant ils pillent encore les maisons Célestin Bricogné et Desserré, puis à l'auberge de M. Battavoine, ils battent impitoyablement le propriétaire ainsi que les personnes qu'ils trouvent dans la maison. Un chien énorme, voulant défendre son maître, est tué à coups de baïonnette puis M. Battavoine, perclus de coups, doit, attaché à l'étrier d'un cavalier, suivre entre deux chevaux jusqu'à Cauffry la colonne revenant de Clermont.

Parmi les troupes allemandes on a remarqué un soldat Prussien qui, quelques années avant, avait habité notre contrée où il travaillait comme ouvrier chaudronnier à Rantigny.

Voici les noms des victimes qui nous sont connus et qui seront gravés sur notre Monument.

BOURGEOIS, Ouvrier mécanicien à Rantigny, fusillé à bout portant à l'entrée de la porte de son beau-frère, le 27 Septembre;

BRETON, à Rantigny, blessé d'une balle reçue au pied le 27 Septembre. Est resté estropié. Mort en 1880;

COUVREUR Pascal, d'Avrechy, 27 Septembre;

DENAIN, Cantonnier à Laigneville, tué d'un coup de feu le 27 Septembre;

DENOUROY, Vannier à Clermont, blessé le 27 Septembre dans les bois environnant Auvillers; mort à l'hôpital de Clermont, le 28 Septembre;

DESCHAMPS, ouvrier cordonnier à Ars, tué en combattant le 27 Septembre;

DIOURA, à Rantigny, a eu le bras traversé par une balle le 27 Septembre;

KIRSCHMAYER, ouvrier ébéniste à Mouy, trouvé le 28 Septembre dans le bois de Mme Duvoir, percé de 22 coups de bayonnette et de 7 balles; avait toutes les phalanges et les entre-doigts des mains sabrés. Il avait été d'abord attaché à un arbre, puis martyrisé; un coup de bayonnette entré par le crâne sortait par le dos, traversant la colonne vertébrale. L'arbre était criblé de coups de bayonnette.

LEGRAND, Maître d'Hôtel à Mouy, tué à la Poste le 27 Septembre par une quinzaine de coups de feu ;

LEFEBVRE, de Bury, blessé à Rantigny, mort à Clermont ;

LIÉVOIS Louis-Pierre, Cultivateur à Breuil-le-Sec, tué le 27 Septembre ;

LILLIÉ, d'Agnetz, tué près de Clermont ;

MALLARD, Cordonnier à Clermont, mort à l'hôpital de Clermont le 9 Octobre 1870, des suites de blessures reçues dans la journée du 27 Septembre ;

MAISON Hippolyte, d'Airion, tué près de Clermont ;

MARTIN, Entrepreneur de maçonnerie, tué le 27 Septembre à Neuilly-sous-Clermont ;

MILLET, Antil de Bury, trouvé éventré dans un fossé sur le territoire de Rantigny le 27 Septembre ;

PICARD Théodore, domestique de M. le Duc de La Rochefoucauld, tué à Liancourt le 26 Septembre ;

SCILLON Jean-Baptiste, Armurier, tué à Cauffry le 26 Septembre.

Après ces trois journées, les Prussiens prenaient de grandes précautions quand ils avaient à traverser le territoire de Rantigny, surtout au Carrefour de la Poste.

Pendant deux mois un poste Prussien a séjourné au milieu de l'atelier de chaudronnerie de l'Usine Albaret.

Nous avons puisé les éléments de ce travail à deux sources :

1° Au rapport déposé par M. Albaret, Maire de Rantigny, sur le registre de la Mairie en 1872;

2° Au remarquable ouvrage de M. A. Lucis, « Monographie du Canton de Liancourt » publié à Clermont en 1894.

Pour le tableau des morts, nous avons consulté les registres des Mairies des Communes environnantes

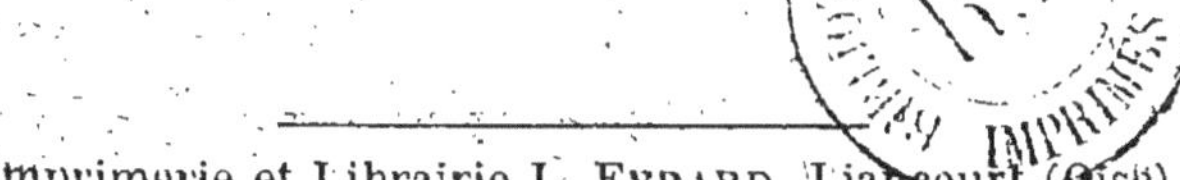

Imprimerie et Librairie L. EVRARD, Liancourt (Oise)

Imprimerie et Librairie L. Evrard

Liancourt (Oise)

www.ingramcontent.com/pod-product-compliance
Lightning Source LLC
LaVergne TN
LVHW020454230826
846091LV00008BA/3201

* 9 7 8 2 0 1 1 2 7 0 2 0 7 *